DESCRIPTION
DE LA
FÊTE DE LA RAISON,

CÉLÉBRÉE POUR LA PREMIÈRE FOIS
A STRASBOURG,

le jour de la 3ᵉ décade de Brumaire de l'an 2 de la République une, indivisible et démocratique.

L E Peuple français, renversant le trône des tyrans, qui l'avoient asservi et se ressaisissant de la souveraineté qu'on lui avoit ravie, venoit de donner un grand exemple au monde, mais ces premiers succès ne suffisoient pas pour immortaliser sa gloire. Le despotisme étoit abbattu . . . . . un nouveau monstre respiroit encore. Le fanatisme insultoit à la raison. Par des croyances absurdes et mensongères, par des cérémonies ridicules il comprimoit dans leur source les premiers élans d'une Nation éclairée qui ne jouissoit encore qu'à demi de sa liberté, mais qui la vouloit toute entière.

)(

Ce peuple philosophe devoit être libre sous tous les rapports , et frapper du même coup et les rois et les prêtres imposteurs.

C'est ce triomphe de la vérité sur le mensonge, des principes sur l'erreur, dont nous allons tracer le tableau.

Le Département du Bas-Rhin se glorifiera dans les siècles à venir d'avoir le premier suivi l'exemple que donna à la République, la Commune de Paris.

Le peuple de Strasbourg avoit abjuré dans une assemblée publique toutes les superstitions. Il avoit déclaré solemnellement et librement qu'il ne vouloit plns reconnoître d'autre culte que celui de la raison, d'autre religion que celle de la Nature.

Il annonça à ses Magistrats, que son intention étoit de célébrer la divinité qu'il venoit de substituer à ses idôles anciennes et ridicules.

Le moment de la fête fut fixé à la décade la plus prochaine.

Ce jour arrivé, la Société populaire se rassembla au lieu de ses séances. Des citoyennes, amies de la République, s'y rendirent aussi. Elles étoient vêtues de blanc, et portoient le bonnet de la Liberté; cet habillemént simple rendoit chez elles les charmes de la nature bien plus puissants que les ornements empruntés d'un luxe corrupteur.

L'assemblée se mit en marche vers les neuf heures du matin. A sa tête on avoit placé le buste de Marat, à chaque côté de l'image de l'ami du Peuple on portoit des faisceaux, symboles de l'union, et des piques, emblême de la force d'un peuple guerrier. Elles étoient ornées des couleurs de la Liberté.

Les citoyennes ouvroient la marche; venoient ensuite les citoyens de tous les rangs confondus avec les amis de la Constitution républicaine, et les députés des Sociétés populaires de divers Départemens, envoyés à Strasbourg.

Le cortege dirigea ses pas vers le lieu où habitoient les Représentans du Peuple. L'un d'eux, le citoyen Baudot se mêla dans la foule et au nom de la Convention nationale il voulut participer à un des premiers hommages rendus, depuis l'existence du monde, à la vérité.

Le Peuple se rendit à la Maison commune pour appeller à sa cérémonie ses Magistrats. Les membres des autorités constituées tant civiles que militaires se mêlerent dans la foule; et delà, au son d'une musique guerrière et en répétant mille fois les chants de la liberté on dirigea ses pas vers le Temple de la raison.

Ce temple avoit été pendant quinze siècles le théatre de l'imposture. A la voix de la Philosophie il fut purifié en trois jours de tous les ornemens ridicules qui servoient aux cérémonies du fanatisme. On ne voyoit plus la moindre trace de la superstition. Au-dessus du frontispice de ce monument superbe on lisoit ces mots : la lumière après les ténèbres.

Dans le sanctuaire où quelques instans auparavant on encensoit le mensonge, s'élevoit une montagne destinée comme celle dont nous parle la fable, à faire sortir de son sein les éclairs et les étincelles de la lumière.

Au haut de la montagne étoit placée la statue de la nature et celle de la liberté qui s'élançoit vers elle. A leur côté on voyoit deux génies, dont l'un fouloit aux pieds des sceptres brisés, et l'autre tenoit un faisceau lié par un ruban tricolor symbole des 85 Départemens réunis, appuyé sur la tête du fanatisme étendu à ses pieds.

La montagne étoit escarpée de rochers ; quelques-uns sembloient s'être détachés tout récemment de sa cime, et on voyoit que quelques catastrophes terribles s'étoient nouvellement passées dans son sein. Des monstres à face humaine ; des reptiles à demi ensévelis sous les éclats des rochers sembloient se débattre sous ces ruines de la nature ; ces monstres portoient avec eux les attributs de ce qu'ils furent autrefois : des livres où on lisoit des erreurs, des encensoirs, des poignards. La on voyoit des prêtres de toutes les sectes : des rabbins avec les feuilles lacérées du Talmud ; des ministres catholiques et protestans qui sembloient se charger encore de leurs anathèmes réciproques. Parmi ces prêtres on en remarquoit un surtout couvert d'un costume réligieux cachant la perversité de son ame sous les dehors de la pénitence et cherchant à séduire l'innocence d'une jeune vierge qu'il vouloit corrompre. Plus bas les mêmes hommes étoient encore désignés sous la figure d'un animal immonde couché dans la fange et levant cependant une tête altière. Au bas de la montagne étoit un marais d'où sembloient s'élever des exhalaisons impures ; on y remarquoit deux autres monstres au visage abbattu, à l'œil étincellant, qui jettoient des regards terribles vérs le sommet de la montagne, comme pour l'accuser de leur malheur. L'un d'eux portoit dans ses mains une couronne teinte de sang, l'autre cachoit un livre ouvert où on lisoit à travers ses doigts des mensonges et des horreurs.

Les autres ornemens du temple étoient sim-
ples. On avoit placé de distance en distance
des drapeaux tricolors. On en avoit mis
deux à côté de la tribune dont on avoit dé-
truit le dôme surchargé des attributs de la
vanité.

Sur l'un de ces drapeau étoit écrite en
lettre d'or cette sentence : *le trône et l'autel avoient asservi les hommes !*

Sur l'autre étoit celle-ci : *la raison et la
force leur ont rendu leurs droits !*

Dans l'intérieur du temple on avoit éle-
vé de vastes emphithéatres ; dès que la
foule immense du peuple eût pris place,
un orchestre nombreux fit retentir les sons
majestueux d'une mâle harmonie : le peuple
à son tour chanta des hymnes à la nature.
Toutes les bouches et tous les coeurs
étoient ouverts aux accens de la vérité. Dans
une assemblée de dix mille individus ren-
fermés dans l'enceinte du temple, on n'en-
tendoit qu'une voix; et de ce concert par-
fait résultoit un accord majestueux et
sublime, digne de fixer l'admiration de
tous les peuples.

Après les premiers chants, le maire mon-
ta à la tribune et dans un discours plein
de philosophie et de sentimens, il annonça

au peuple quel étoit le véritable esprit du
culte qu'il devoit professer desormais.

On remarqua surtout ces passages inté-
ressans :

„ Quel immense intervalle nous sépare
„ de ces années d'esclavage, où nous traî-
„ nions péniblement une existence avilie !
„ L'homme étoit enterré vivant dans une
„ tombe cadavéreuse ; aujourd'hui ses bras
„ sont rendus à la liberté, sa tête à l'in-
„ telligence et son coeur aux mouvemens
„ vertueux de la nature.

„ Environnés encore de souvenirs dou-
„ loureux, nous parlons ici le langage de
„ la raison sur les débris de l'imposture,
„ et le souffle de la liberté purifie une
„ enceinte, où depuis des siècles le prêtre
„ façonnoit l'homme au crime, à la stupi-
„ dité, à l'ignorance.

„ Dès qu'il s'est soustrait au joug du fa-
„ natisme, l'homme s'élance au-delà des
„ limites de son existence et de l'horison
„ qui l'entoure. Dans les services qu'il rend
„ à ses contemporains il voit les avantages
„ qui en resultent pour les générations fu-
„ tures, et son nom prononcé après sa
„ mort avec un réligieux recueillement ex-
„ erce encore du sein même de la terre,

,, qui couvre ses cendres, un pouvoir que
,, pendant sa vie il a sçu employer à con-
,, soler l'innocence et à soulager le malheur.
,, ... O nature, mère commune des
,, êtres, l'homme va donc cesser de mécon-
,, noître tes bienfaits ! rallume dans nos
,, coeurs la flamme expirante de la sensibi-
,, lité . . . . que les noms attendrissans de
,, père, d'enfans, d'épouses n'abordent dés-
,, ormais qu'avec un doux frémissement sur
,, nos levres et fais reposer le bonheur dans
,, le sein des familles . . . . Nature, raison,
,, vérité, amour de notre patrie; sentimens
,, sublimes, recevez notre encens et nos
,, hommages. ,,

D'autres discours furent prononcés: tous
étoient analogues à la cérémonie célébre qui
fixoit l'attention de tous les esprits et de tous
les cœurs.

,, Les rois ne sont plus, nous dit l'un des
,, orateurs; nous ne nous souvenons d'eux
,, que pour exécrer leur mémoire et jurer de
,, donner la mort à tous leurs partisans . . . .
,, La raison et la liberté font entendre leurs
,, voix; à leurs accens sublimes les prestiges
,, réligieux disparoissent. Les hommes qui
,, égaroient le Peuple pour vivre à ses dépens,
,, qui prêchoient la pauvreté au sein des ri-

„ chesses, la tempérance au milieu des repas
„ les plus splendides, la chasteté à côté des
„ courtisanes dont ils alimentoient le luxe et
„ la débauche; ces hommes qui prêchoient
„ le pardon des offenses et ne pardonnoient
„ jamais. . . . . Leur règne est passé. Ce ne
„ sont plus des prêtres, ce ne sont plus des
„ dogmes réligieux qu'il nous faut; ce ne sont
„ plus les pratiques superstitieuses, mais les
„ vertus sociales qui sont nécessaires aux
„ hommes.

„ Peuple, saches enfin que ce n'est pas par
„ des prières que l'on peut honorer l'être su-
„ prême; saches encore que tu l'offenses en
„ le priant. L'être souverainement juste est
„ bon, l'être qui prévoit des besoins ne veut
„ pas être prié pour t'accorder ce qu'il te faut.
„ Cesses de comparer Dieu à un Juge de l'an-
„ cien régime qu'il falloit solliciter pour
„ gagner un procès, et sois bien convaincu
„ que malgré toutes les prières tu n'obtien-
„ dras que ce qui t'appartient dans l'ordre
„ immuable de la nature . . . . „

L'accusateur public, après avoir fait sentir
le ridicule de toutes les religions qui se di-
sent rélévées, adressa ces paroles à l'assemblée: „ Peuple, voici en trois mots toute
„ ta religion : adore un Dieu, sois juste, et

„ chéris ta Patrie. „ Il donna quelques développemens de ces principes de la morale universelle et finit par abdiquer l'état de prêtre qu'il embrassa par séduction et comme victime de l'erreur.

Ces discours furent souvent interrompus par des applaudissemens et des cris: *vive la vérité, vive la raison.*

Après chacun de ces discours des chœurs en musique se faisoient entendre. On avoit composé des hymnes pour cette fête auguste. Parmi les couplets qui furent chantés on distinguoit ceux-ci :

MÈRE de l'univers, éternelle Nature !
Le Peuple reconnaît ton pouvoir immortel.
Sur les pompeux débris de l'antique imposture
Ses mains relèvent ton autel.

. . . .

Devant toi fuit l'esclavage
Des prêtres et des tyrans ;
De leur impuissante rage
Tu brises les traits sanglants.
Puissant génie !
Tu montres la Vérité ;
La Raison, la Liberté ;
Voilà les Dieux de la Patrie.

. . . .

Si l'Europe nous contemple,
Présentons lui des vertus.
Aux Peuples servons d'exemple,
Aprés les avoir vaincus.
ÊTRE SUPRÊME !
Reçois ici nos sermens,
D'être justes et bienfaisans,
Libres et grands comme toi-même.

La tribune fut ensuite successivement occupée par un grand nombre de ministres du culte catholique qui vinrent abjurer leurs erreurs et promettre de ne plus tromper le Peuple, en lui annonçant des mensonges auxquels ils déclarèrent n'avoir jamais crû eux-mêmes.

Ceux qui ne pouvoient pas percer la foule pour venir à la chaire, devenue cette fois la chaire de vérité, professoient les mêmes principes, remettoient aux membres des autorités constituées leurs déclarations signées avec les titres anciens qui constatoient l'engagement téméraire qu'ils avoient pris autrefois de prêcher l'erreur.

Un membre de l'assemblée observa qu'aucun ministre du culte de Moïse ou de Luther n'avoit paru à la tribune pour y renoncer à ses pratiques superstitieuses. A l'heure même un prêtre protestant se montre au Peuple, prend la parole, non pas pour abjurer les principes monstrueux de l'imposture, mais pour se récrier contre l'intolérance et pour en appeller à l'évangile dont le fourbe pendant quarante ans avoit défiguré la morale sublime.

Cet outrage fait à la vérité dans son temple au moment de l'inauguration de ses autels, ce blasphème contre la raison prononcé par une bouche accoutumée au sacrilège fut vengé sur le champ. Le déclamateur séditieux fut couvert des huées du Peuple qui d'une voix unanime lui cria qu'il ne vouloit plus entendre ses maximes erronées, et le força d'abandonner un lieu qu'il profanoit par sa présence.

Un Sansculotte en bonnet rouge, emporté par l'enthousiasme de la raison, s'élança à la tribune et par l'exposé des vrais principes, il venge à la fois et le peuple et la raison également outragés.

Le Représentant du peuple, développe dans un discours brûlant de patriotisme les avantages de la révolution. Il montra le bonheur d'un peuple devenu libre désormais de tous les tyrans et de toutes les erreurs. Il encouragea tous les Citoyens à réunir leurs efforts communs pour hâter la fin de la Révolution, comme l'époque où devoit commencer la félicité générale. Il dit, que les vertus publiques devaient, surtout dans un tems de Révolution, l'emporter sur les vertus privées. Il fit sentir les dangers du moindre pas rétrograde; il annonça les supplices, qui attendaient les traîtres et les indifférens qui voudraient retarder le bonheur du Peuple, ou s'y voudraient opposer. Il félicita le Peuple d'être arrivé à cette époque heureuse, où tout charlatanisme, sous quelque forme qu'il voulut se réproduire, devait disparaître; il annonça, que lui-même en sa qualité de médecin abjuroit une profession qui ne tenoit son crédit que de la crédulité et de l'imposture.

Les applaudissemens réitérés honorerent dans la personne de l'orateur et les principes qu'il avoit développés et le caractère dont il étoit revêtu.

On brula ensuite devant l'autel de la Raison des ossemens de saints béatifiés par la cour de Rome et quelques parchemins gothiques qui renfermaient des bulles d'indulgence.

Le Peuple, après une séance de 3 heures, sortit de l'enceinte sacrée, où il venait d'exprimer ses voeux religieux sans hypocrisie et sans ostentation, pour se rendre sur la place de la Responsabilité. On y avait allumé un bûcher qui consumait, au milieu des cris d'allégresse, les sottises écrites par la folie humaine. Quinze chariots de vieux titres furent livrés aux flammes, l'effigie des despotes et des tyrans écclésiastiques qui en particulier avaient regné dans la ville de Strasbourg, purifiérent par cet autodafé une athmosphère qu'ils avaient souillée pendant leur vie.

Le cortège se rendit ensuite à la maison commune ; le Représentant du Peuple installa dans le lieu des séances du Conseil général le buste de Marat. Il cita aux magistrats présens l'exemple mémorable du dévouement de ce grand homme, et les invita à sacrifier leur vie, s'il le fallait, pour le bonheur public.

De là le Peuple en chantant des airs patriotiques parcourut les principales rues de la Cité, il alla sur la place d'armes, danser autour de l'arbre de la Liberté. Le cercle était immense ; le nombre des spectateurs, infini ; et au milieu de cette masse étonnante d'hommes réunis, l'ordre de la police, la tranquillité publique, la sûreté des individus ne reçut pas la moindre atteinte ; l'humanité n'eut pas une larme à répandre ; et le magistrat ne trouva pas occasion de faire usage de la sévérité et des pouvoirs de la loi.

L'assemblée se sépara au milieu des cris de l'allégresse. Le soir la ville fut illuminée; et ce témoignage de la satisfaction publique fut spontané de la part des Citoyers; aucun ordre ne l'avait commandé.

Ainsi se termina cette journée mémorable qui fera époque dans les annales de la philosophie et dans l'histoire du monde.

Puissent tous les Républicains nos frères, puissent tous les Peuples de la terre passer ainsi sans secousse violente, sans mouvement tumultueux, du dernier dégré du fafanatisme et de l'erreur au comble de la félicité et des lumières.

Les administrateurs de la Commission départementale.

NEUMANN, MOUGEAT.

Les administrateurs de la Commission du District.

CLAUER, Président, DAUM, DORN, HESS, TISSERAND, Proc. Syndic.

Le Conseil général de la Commune de Strasbourg.

P. F. MONET, Maire, BIERLYN, COTTA, BUTENSCHÖN, MARTIN, GRIMMER, GEROLD,

BIRCKICHT, MERTZ, JUNG, officiers municipaux. SCHATZ, Procureur de la Commune.
MENIOLLES, METZGER, HUGARD, BEAU
SEIGNEUR, GERHARD, ROUGE, ULRICH,
SCHWANN, DIETSH, BARTHOLOME, BEHR,
SULTZER, CARL, GARNIER, GALLAI, Notables.

Les membres de la Propagande révolutionnaire.

RICHARD, MÜLLER, BAJOT, CAION, VUL
LIER, DUBOIS, JARDET, LAVRAN; SCHUL
LER, GIROUX.

Les Président et Secrétaires de la Société po
pulaire.

MONNET, Président. ROBINOT, WOLFF,
Secrétaires.

De l'Imprimerie de PHIL. JACQ. DANNBACH,
Imprimeur de la Municipalité.